AF248376

DEUXIÈME ÉDITION

LA VÉRITÉ SUR L'ÉVASION

DE

L'EX-MARÉCHAL BAZAINE

PAR

MARC MARCHI

ANCIEN DIRECTEUR DE LA MAISON DE DÉTENTION
DE L'ILE SAINTE-MARGUERITE

PARIS

DENTU, LIBRAIRE-ÉDITEUR

PALAIS-ROYAL, 15-17-19, GALERIE D'ORLÉANS

—

1883

LA VÉRITÉ SUR L'ÉVASION

DE

L'EX-MARÉCHAL BAZAINE

PAR

MARC MARCHI

ANCIEN DIRECTEUR DE LA MAISON DE DÉTENTION
DE L'ILE SAINTE-MARGUERITE

Deuxième édition

PARIS

E. DENTU, LIBRAIRE-ÉDITEUR

PALAIS-ROYAL, 15-17-19, GALERIE D'ORLÉANS

1883

Tous droits réservés.

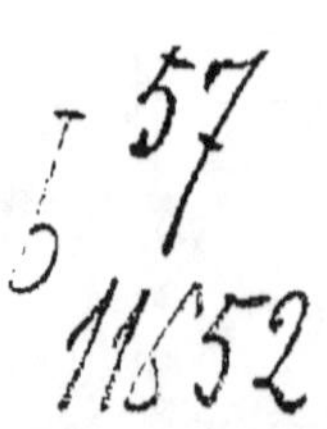

A MES LECTEURS

Une décision ministérielle, en date du 19 mai 1880, m'a révoqué des fonctions de directeur de la maison centrale d'Aniane, que j'exerçais alors.

Quelle a été la cause de cette disgrâce, après dix-neuf ans de bons services ? Je l'ignore, en me demandant, toutefois, s'il ne faut pas l'attribuer à mon titre d'ancien directeur de la maison de détention de l'île Sainte-Marguerite.

Il y aurait, je crois, si ma supposition est vraie, une véritable injustice à me rendre responsable d'un fait que je n'ai pu empêcher et dont, cependant, devant un certain public, je continue à porter seul toute la responsabilité.

Dans ces conditions, mon honneur de fonctionnaire se trouvant engagé, et ne voulant plus rester sous le poids d'une accusation qui ne peut m'atteindre, j'ai cru devoir rédiger un mémoire justificatif concernant les faits qui se sont passés à Sainte-Marguerite.

Dans ce travail, j'ai été aussi loin que peut aller la parole écrite, et je crois avoir établi la preuve que le fer rouge qui marque le front des traîtres ne saurait ni ternir mon honneur ni atteindre mon honnêteté. Vous lirez ce mémoire, chers lecteurs, avec votre conscience d'honnêtes gens, c'est la seule grâce que je vous demande.

LA
VÉRITÉ SUR L'ÉVASION
DE
L'EX-MARÉCHAL BAZAINE

I

J'étais inspecteur de la maison centrale de Clairvaux lorsque, le 17 octobre 1871, je fus chargé de la direction du dépôt des déportés de Quélern.

Pendant vingt-six mois j'ai administré cet établissement ; j'ai fait six départs pour la Nouvelle-Calédonie et j'ai eu plus de quatre mille condamnés sous mes ordres. Pendant ce temps, et malgré les difficultés qu'il y avait à faire observer les règlements par ces égarés de la politique, il ne s'est produit, au point de vue disciplinaire, ni incident, ni évasion. Tandis que, dans d'autres dépôts, on avait recours à la baïonnette des soldats pour contenir les condamnés, je n'ai eu à constater que le calme le plus profond.

Le 26 décembre 1873, je reçus de l'administration pénitentiaire la lettre suivante :

Paris, 25 décembre 1873.

MONSIEUR LE DIRECTEUR,

Vous êtes désigné pour Sainte-Marguerite. Remettez le service au comptable et soyez à Paris mardi prochain.

L'ordre était formel, il fallait obéir. Cependant, je dois à la vérité de déclarer qu'en apprenant que j'avais été désigné pour Sainte-Marguerite, j'éprouvai comme un serrement de cœur à l'idée d'abandonner Quélern. J'aimais cette direction, car je m'intéressais aux malheureux qui s'y trouvaient enfermés.

J'étais à Paris le 30 décembre 1873. Je ferai grâce à mes lecteurs des instructions nombreuses et compliquées qui me furent verbalement données. Je ne retiendrai qu'une seule recommandation, car elle fut le point de départ des faiblesses successives du gouvernement et dont la conséquence finale devait être l'évasion :

Vous traiterez le prisonnier avec les plus grands égards. En un mot, à Sainte-Marguerite, il faut être homme du monde et non directeur des prisons.

Voilà le résumé exact des instructions qui me furent données, et c'est avec ce bagage que je devais me mettre en route le lendemain, 1er janvier 1874.

II

Le 4 janvier au soir, j'étais à Sainte-Marguerite. La direction de cet établissement avait été provisoirement confiée à M. Brun, alors directeur de la 44ᵉ circonscription pénitentiaire.

M. Brun, qui avait hâte de m'abandonner un poste qui paraissait lui peser lourdement et qui lui avait déjà valu des ennuis, me mit vite au courant du service. Entre autres choses, il m'informa qu'ayant cru devoir faire surveiller le prisonnier toutes les fois qu'il allait se promener sur la terrasse, M. le lieutenant-colonel Villette s'était de suite rendu à Paris, avait protesté contre les agissements du directeur, et ce dernier avait été réprimandé.

A cette époque, le pavillon destiné au prisonnier n'était pas prêt, et le condamné habitait, avec le directeur, le logement de l'ancien commandant de place. Il n'y avait pas de murs encore, de sorte que, lorsque le prisonnier sortait sur la terrasse, il pouvait se trouver en contact, soit avec les militaires de la garnison, soit avec les habitants du fort. En le faisant suivre par un gardien, M. Brun n'avait eu d'autre pensée que celle d'isoler le prisonnier et d'empêcher les communications. C'était moins une mesure disciplinaire vexatoire — ainsi que le prétendait M. le colonel Villette — qu'une sorte de protection afin d'éviter à l'ex-maréchal les regards des curieux et peut-être même des insultes. Le ministre de l'intérieur, M. de Broglie, donna l'ordre à M. Brun d'avoir à surveiller le prisonnier, mais sans le gêner. Situation difficile pour un directeur.

Le lendemain de mon arrivée à Sainte-Marguerite, je me rendis à Nice pour prendre les ordres de M. Bargemon de Villeneuve, alors préfet des Alpes-Maritimes, et dès le soir même, M. Brun quitta l'île.

Tenant compte des instructions qui m'avaient été données, la première difficulté contre laquelle je devais me heurter, dans ma nouvelle direction, devait être celle de savoir de quelle manière j'aborderais au début l'ex-maréchal.

Je devais hésiter à pénétrer chez lui le képi sur la tête ; je ne voulais pas, non plus, ravaler la dignité du directeur en entrant chez le prisonnier le képi à la main : on n'aurait point connu au juste lequel des deux était le condamné ou le directeur. Cependant je ne devais point oublier la recommandation qui m'avait été faite, si je ne voulais point renouveler le voyage à Paris, de M. Villette, et m'attirer des difficultés dès mon entrée en fonctions. J'ai alors décidé de me rendre auprès de l'ex-maréchal tête nue. Je n'avais point, de cette manière, à le saluer — ce que je ne voulais et ne devais pas faire — et j'allais chez lui en voisin, puisque nous étions alors logés sur le même palier.

A notre première entrevue, je reçus de la part de l'ex-maréchal l'assurance qu'il ne me susciterait jamais aucun embarras, et qu'il se montrerait scrupuleux observateur des réglements. De mon côté, je lui ai répondu: qu'il m'était impossible d'oublier son ancienne situation, et qu'il me trouverait toujours très disposé à lui rendre la vie aussi douce que les réglements de l'administration pénitentiaire me le permettraient.

III

Dès mon arrivée à Sainte-Marguerite, je me suis oc-cupé d'activer les travaux d'appropriation du pavillon destiné au prisonnier, car son séjour prolongé dans le bâtiment que j'occupais, ne laissait pas que de me donner des inquiétudes. Ces inquiétudes me tourmen-taient d'autant plus que je ne voyais point la corres-pondance du prisonnier, ainsi que j'en informai l'ad-ministration à la date du 9 janvier 1874.

Le 16 du même mois, j'écrivais également pour faire connaître que le domestique de l'ex-maréchal jouissait de trop de liberté, et qu'il était sans cesse en contact avec les habitants du fort.

Je dois à la vérité de dégager ici la responsabilité du directeur de l'administration pénitentiaire, car il ne s'est jamais occupé des affaires de Sainte-Marguerite, autrement que pour me transmettre les ordres du Ministre et pour la gestion financière. « Soignez votre « correspondance, m'écrivait-il, attendu que toutes « vos lettres confidentielles sont envoyées au cabinet « du ministre. »

Après avoir donné mes premiers soins aux travaux d'appropriation, je m'occupai aussitôt après d'assurer la surveillance extérieure et intérieure de l'établissement.

Aux termes des règlements, les consignes pour la surveillance extérieure des établissements pénitentiaires sont établies de concert entre le directeur et l'officier commandant le détachement.

A Sainte-Marguerite, je fus seul chargé de formuler ces consignes, le capitaine chef du détachement se réserva de me soumettre des observations, s'il y avait lieu.

Consignes particulières réglant la surveillance extérieure de la maison de détention de l'île Sainte-Marguerite :

ART. 1er. — Trois factionnaires veilleront nuit et jour à la sûreté extérieure de la maison de détention.

ART. 2. — Le premier factionnaire sera placé à la porte principale de la maison de détention. Il empêchera les personnes étrangères au service pénitentiaire de trop s'approcher du mur de clôture et de pénétrer dans l'intérieur de l'établissement.

ART. 3. — Le deuxième factionnaire sera placé dans la ruelle près du mur de la détention. Il aura pour mission d'empêcher toute tentative d'évasion et de défendre aux personnes étrangères au service pénitentiaire de trop s'approcher de ce mur.

ART. 4. — Le troisième factionnaire sera placé en face du pavillon occupé par le directeur. Il veillera sur le mur qui relie ce pavillon à celui construit perpendiculairement au préau du Masque de fer. Il empêchera les étrangers de stationner soit sous les arbres de l'avenue de la direction, soit sur le préau ci-dessus désigné.

A la nuit tombante, ce factionnaire sera placé sur la terrasse et aura pour consigne de défendre aux habitants de l'intérieur de la détention d'ouvrir leurs fenêtres. Il signalera aux gardiens toute barque dont l'allure lui paraîtrait suspecte et qui tenterait de trop s'approcher des remparts. Ce factionnaire empêchera, en outre, toute tentative d'évasion ou d'escalade..

ART. 5. — Pendant la nuit, la circulation aux abords de la détention, dans l'avenue de la direction et sur le préau du Masque de fer est interdite après la retraite.

Les employés de l'administration pénitentiaire, les agents et leurs familles ainsi que les militaires pourront librement traverser le préau à toute heure de la nuit.

Dans l'intérieur de la détention les rondes de nuit seront faites par des employés ou agents du service pénitentiaire. — L'officier de service pourra, toutes les fois qu'il en manifestera le désir, visiter le factionnaire placé sur la terrasse.

ART. 6. — Toute personne qui tenterait de faire parvenir au prisonnier un objet quelconque en le lançant par-dessus les murs, recevra du factionnaire qui s'en sera aperçu l'ordre formel de s'arrêter et de se constituer prisonnière. En cas de tentative d'évasion, le factionnaire crierait : « Aux armes ! » de manière à être entendu soit des gardiens de service, soit des militaires du poste.

ART. 7. — La sentinelle placée à la porte du fort veillera à ce que personne ne puisse y pénétrer sans avoir d'abord parlé au gardien-portier.

La nuit, après la fermeture de la porte, cette sentinelle sera placée sur le rempart, près du mât du pavillon, elle aura pour consigne d'empêcher la circulation sur le rempart, l'escalade des parapets et toute tentative d'évasion.

ART 8. — Il est recommandé aux militaires qui accompagnent les étrangers, admis dans le fort, de ne répondre à aucune des questions qui pourraient leur être faites.

Aussitôt après promulgation du décret de M. le Président de la République, en date du 16 janvier 1874, qui affectait le fort de l'île Sainte-Marguerite aux condamnés à la peine de la détention (1), je fis afficher, dans l'intérieur de ' la citadelle, l'arrêté ci-après, approuvé par le préfet du département, qui réglait la police de la forteresse.

Nous, Directeur de la maison de détention de l'île Sainte-Marguerite,

Vu le décret de M. le Président de la République, en date du 16 janvier 1874, portant affectation du fort de l'île Sainte-Marguerite aux condamnés à la peine de la détention ;

Vu l'arrêté en date du 5 février courant, de M. le vice-président du Conseil, ministre de l'Intérieur.

ARRÊTONS :

ART. 1er. — La police du fort, en tout ce qui ne touche pas le service disciplinaire de la garnison et la garde de la poudrière, appartient exclusivement au directeur de la maison de détention.

ART. 2. — L'entrée du fort est formellement interdite

____

(1) Décision rendue en conformité de l'art. 70 du Code pénal qui veut que le lieu où seront conduits les condamnés à la détention soit déterminé par un décret particulier du chef de l'État. Ce décret a en outre, pour effet, de faire passer la forteresse choisie comme lieu de détention du ministère de la guerre à celui de l'intérieur.

aux personnes étrangères au service de la maison de détention ou à la garnison.

Art. 3. — Les fonctionnaires, employés ou agents du service pénitentiaire ou du sémaphore, les employés militaires, officiers, sous-officiers ou soldats ne pourront circuler dans le fort que revêtus de leurs uniformes ou insignes.

Art. 4. — La circulation sur la partie du rempart comprise entre le mur de la détention, construit sur la terrasse, et le mât du pavillon, est formellement interdite aux personnes étrangères au service pénitentiaire.

Sont exceptés de cette mesure : 1° MM. les officiers en service et revêtus de leurs insignes ; 2° MM. les employés militaires du génie ou de l'artillerie dans l'exercice de leurs fonctions.

Art. 6. — Les abords de la détention proprement dite et ceux du pavillon occupé par la direction sont formellement interdits comme promenade ou lieux de réunion. Il est également défendu de stationner sur le préau du Masque de fer.

Art. 6. — Les étrangers qui justifieront par des pièces authentiques qu'ils sont appelés par des raisons de service, d'intérêt ou de famille, auprès des fonctionnaires, employés ou agents de la maison de détention, des officiers ou employés militaires, des sous-officiers ou soldats de la garnison et des employés du sémaphore, seront accompagnés jusque chez la personne avec laquelle ils auront affaire par un militaire; la même mesure sera prise au retour.

Art. 7. — Jusqu'à nouvel ordre les portes seront ouvertes à six heures et demie du matin et fermées à huit heures et demie du soir.

La cantine, le bureau de tabac et tous les autres lieux publics doivent être fermés à la même heure.

Art. 8. — Le directeur invite les habitants à observer

scrupuleusement les prescriptions qui précèdent; en cas d'infraction ils seront signalés à l'autorité supérieure.

Outre ces instructions, qui s'adressaient aussi bien aux agents placés sous mes ordres qu'aux militaires et autres habitants du fort, j'avais rédigé des instructions spéciales que les gardiens devaient exécuter à l'intérieur de la détention. Je regrette de ne pas avoir en ma possession une copie de ces instructions qui étaient affichées dans le corps de garde des gardiens, sur une planchette mobile, mais je me rappelle fort bien qu'il y avait un article ainsi conçu :

Si le prisonnier rentre chez lui avant l'heure habituelle, dix heures du soir en été, et si le directeur quitte la maison de détention, le gardien-chef le remplacera sur la terrasse et le gardien de service se mettra en rondes permanentes jusqu'à la pose du factionnaire.

Au procès de Grasse, j'ai appelé l'attention de MM. les juges sur cet article de notre règlement intérieur et le gardien-chef aussi bien que les autres agents n'en ont pas nié l'existence. Du reste il est possible que ce règlement se trouve parmi les papiers saisis par la justice et probablement déposés au greffe du tribunal de Grasse.

Je crois devoir appeler sur cet article de notre règlement intérieur toute l'attention de mes lecteurs, car il en ressort par la suite, que si mes instructions avaient été exécutées, toute évasion aurait été impossible.

I V

A la date du 14 février 1874, j'adressais à M. le Ministre de l'Intérieur, M. le duc de Broglie, la dépêche télégraphique suivante :

Le prisonnier est définitivement installé dans sa nouvelle résidence.

Le 21 même mois, les gardiens que j'avais désignés moi-même et qui appartenaient tous au fort de Quélern — *sauf un, le sieur Plantin, qui venait de Marseille* — arrivèrent à Sainte-Marguerite. De ce jour l'administration était définitivement constituée. Elle se composait : 1° du directeur ; 2° d'un aumônier ; 3° d'un médecin ; 4° d'un gardien-chef ; 5° de cinq gardiens.

Le prisonnier occupait l'ancienne infirmerie du fort qui avait été appropriée à cet effet. Ce pavillon se composait d'un rez-de-chaussée et d'un premier étage que reliait entre eux un escalier de service placé à l'intérieur.

Le rez-de-chaussée était occupé d'un côté par les gardiens de service — deux pièces — et, de l'autre, par le colonel Villette — une pièce — le domestique du prisonnier — une pièce. — Il y avait en outre une cuisine.

Le premier étage était distribué ainsi qu'il suit : un salon à deux fenêtres ; une chambre qu'occupait Mme Bazaine avec sa fille ; une seconde habitée par une femme de chambre et une institutrice, et enfin une troisième réservée au prisonnier et à ses deux fils. Ce pavillon comprenait, en outre, une pièce servant de chapelle, une salle à manger et une chambre de bains.

On remarquera que la chambre occupée par Mme Bazaine et sa fille était au midi, tandis que celle du prisonnier et de ses deux enfants était au nord-ouest, c'est-à-dire aux deux extrémités du pavillon. Entre la femme et le mari couchaient l'institutrice et la femme de chambre.

Cet arrangement avait été dicté par Mme Bazaine qui, à la date du 14 février 1874, écrivait à l'ex-maréchal une lettre tout intime, ne se doutant pas qu'avant d'être remise à son mari elle devait être lue par le directeur. A Sainte-Marguerite, le prisonnier et sa femme vivaient comme deux étrangers et n'avaient ensemble aucune relation. Or, on l'a dit : *ce que femme veut, Dieu le veut.* Mme Bazaine, en 1874, n'avait que 25 ans ; elle ne manquait ni d'attraits, ni d'esprit. Très intelligente, douée d'une mémoire étonnante et d'un caractère des plus énergiques. On comprend facilement quel devait être l'empire d'une pareille femme sur un homme âgé de 63 ans, qui avait vu ses rêves d'ambition renversés et dont la carrière avait abouti à la prison et à une condamnation infamante. Mme Bazaine n'était à Sainte-Marguerite que contrainte et forcée, mais elle espérait toujours reconquérir sa liberté, soit par une nouvelle décision gracieuse du chef de l'Etat, soit en infligeant à son mari le supplice de Tantale, et l'amener par là à subir sa volonté.

Quelques jours avant l'installation du prisonnier dans le pavillon qui lui était réservé, je reçus de M. le Ministre de l'Intérieur une dépêche dans laquelle il disait sommairement ce qui suit :

Bien que l'ex-maréchal, à Versailles, se soit engagé d'honneur à ne jamais tenter aucune évasion et à respecter et à faire respecter par sa famille, par M. le colonel Villette et par ses domestiques les règlements pénitentiaires, il est nécessaire, M. le directeur, que vous exigiez la même promesse de M. Bazaine et du colonel Villette, en faisant observer au prisonnier que faute par lui ou ceux de sa suite de ne pas s'y conformer, on n'aurait plus, pour l'ex-maréchal, aucun égard et il serait alors soumis au droit commun.

Le jour de la réception de cette dépêche, à sept heures du soir, j'allai trouver le prisonnier qui était à table avec M. Villette. J'entrai dans la chambre tenant ma dépêche à la main. Le jeune Barreau, le domestique, était là et il se retira ou, pour mieux dire, passa derrière le paravent qui abritait le colonel et le prisonnier. Je leur donnai connaissance du contenu de la dépêche, et l'ex-maréchal aussi bien que son aide-de-camp me renouvelèrent les promesses faites à Versailles.

Plus tard, au procès de Grasse, M. le colonel Villette tenta de soutenir que cette parole d'honneur ne leur avait jamais été demandée ; mais acculé par la dialectique serrée du ministère public, il fut obligé d'avouer qu'on ne lui avait pas demandé cette parole par écrit.

Quand M. le colonel Villette faisait cette réponse, je recevais de Draguignan un télégramme ainsi conçu :

Rappelez-vous, M. le Directeur, qu'en sortant de la chambre du prisonnier vous nous avez dit que vous aviez demandé à tous deux leur parole d'honneur.

Le signataire de cette dépêche était mon ancien gardien-chef de Sainte-Marguerite, qui y était venu avec M. Brun et qui en était parti à l'arrivée des gardiens de Quélern. Je me suis rappelé alors, en effet, qu'en sortant de la chambre du prisonnier, j'étais descendu chez les gardiens et je leur avais dit, en leur recommandant une surveillance active quand même, ce que j'avais été communiquer au prisonnier, et je ne leur avais pas laissé ignorer la réponse qui m'avait été faite.

Je ne m'étendrai pas davantage sur ce fait, et en ce qui concerne la parole *par écrit*, je me contenterai de dire que la parole d'honneur suffit pour un officier français.

VI

Il y avait peu de jours que le prisonnier était installé dans son nouveau pavillon, ce que j'appellerai la détention, quand se présenta au fort, pour visiter l'ex-maréchal, Mme de Goyon. Elle était munie d'une autorisation régulière. Alors surgit tout à coup une grave difficulté. Les règlements de mon administration portent que les visites aux prisonniers doivent avoir lieu au parloir et en présence d'un agent du service pénitentiaire. Or, à Sainte-Marguerite, il n'y avait point de parloir. Mme de Goyon fut reçue sur la terrasse qui communiquait avec la détention par un escalier et un petit pont. Un gardien assista à cette entrevue. Mme de Goyon me fit gracieusement observer qu'à Paris on lui avait donné l'assurance qu'elle verrait librement le prisonnier, et que des instructions en ce sens avaient été données au directeur. Je répondis que je n'avais aucune connaissance des instructions auxquelles elle faisait allusion et qu'en plaçant un gardien entre elle et le prisonnier, je n'avais fait que mon devoir.

Quelques jours après, je reçus du ministre une dépêche concernant cette visite et m'invitant à fournir des explications sur la présence du gardien, alors que *les instructions du* 29 *décembre* 1873 portaient que les personnes munies d'un ordre du ministre pouvaient, librement, et hors la présence des employés et agents de l'administration, visiter le prisonnier.

Je répondis que je m'étais conformé aux règlements et que si on avait envoyé, pour m'être communiquées, des instructions spéciales pour la maison de détention de l'île Sainte-Marguerite, je n'en avais aucune connaissance et qu'assurément elles avaient été oubliées à la préfecture des Alpes-Maritimes.

Je reçus alors — directement du ministère — une copie de ces instructions desquelles on ne m'avait pas parlé à mon passage à Paris, et qui faisaient du directeur un véritable prisonnier. Elles prescrivaient que les personnes autorisées à visiter l'ex-maréchal ne seraient point fouillées et qu'elles pourraient librement voir le prisonnier et même prendre des repas en sa compagnie. De sorte que de ce jour tout moyen de contrôle me fut enlevé ainsi qu'on peut le constater par le libellé des autorisations accordées aux visiteurs :

M. de Ponget d'Aigrevaux, chef de bataillon en retraite et Mme d'Aigrevaux sont autorisés à pénétrer dans la maison de détention de Sainte-Marguerite entre dix heures du matin et trois heures de l'après-midi (1).

---

(1) Plus tard, les visiteurs furent autorisés à rester jusqu'au soir on pouvait dîner avec le prisonnier.

Par dérogation à l'art. 4 du décret du 25 mai 1872, les visites auront lieu *hors la présence des fonctionnaires ou agents de l'administration dans les locaux mêmes affectés à la détention du prisonnier.*

La présente autorisation est valable pour une visite.

Pour le Vice-Président du Conseil,
Ministre de l'intérieur,

Le Sous-Secrétaire d'Etat,

Signé : BARAGNON.

En présence de cette nouvelle situation, j'ai immédiatement écrit à M. le directeur de l'administration pour lui faire comprendre dans quelle fausse situation j'allais me trouver à l'avenir, si je ne pouvais, ainsi que les instructions du 29 décembre 1873 le prescrivaient, ni faire fouiller les visiteurs, ni assister aux visites. Je ne cachai pas à mon chef — qui ne l'ignorait pas, mais qui n'y pouvait rien — que toute la correspondance du prisonnier suivait une autre voie que celle du directeur, et qu'en semblable situation, je me considérais comme déchargé de toute responsabilité.

Rien, malgré ces observations, ne fut changé. Alors je pris la résolution, croyant pouvoir compter sur le concours dévoué de *tous* mes subordonnés, de charger le gouvernement de toute la responsabilité qui pesait sur le directeur, en signalant toutes les infractions aux règlements, et en réclamant des mesures de préservation. Il paraît qu'à ce point de vue j'ai tenu ma pro-

messe — comme on pourra bientôt le constater —
puisque j'ai été l'objet d'une ordonnance de non-lieu,
d'un acquittement et que ma réintégration, dans l'administration, n'a fait l'objet d'aucune sérieuse opposition.

VII

Un télégramme de M. le Ministre de l'Intérieur, en date du 13 février 1874, m'informa que Mme Bazaine se disposait à quitter Paris pour se rendre à l'île Sainte-Marguerite. Elle y arriva, en effet, le 21 février à six heures du soir.

La présence de Mme Bazaine au fort fut le signal d'une recrudescence de visites. Il ne se passait pour ainsi dire pas de journée sans que des étrangers ou des parents ne fussent admis dans l'intérieur de la détention. J'avoue que toutes ces faveurs répétées surexcitaient mes nerfs et avaient pour résultat de m'irriter contre mes chefs. Aussi, n'y tenant plus, j'écrivis, à la date du 21 mars 1874, à M. le Directeur de l'administration une lettre dans laquelle je m'élevais contre les instructions du 29 décembre 1873, et je signalais les inconvénients, les dangers même qui résultaient de la présence journalière, dans l'intérieur de la détention, de tous ces étrangers auxquels on accordait la faveur de visiter l'ex-maréchal. Je ne cachais point, en même temps, que la correspondance du prisonnier m'échappait entièrement. Ces lettres, je le savais, étaient envoyées au cabinet du ministre ; mais invariablement on n'y faisait aucune réponse. En signalant tous ces inconvénients je faisais mon devoir, mais en gardant le silence le ministre faisait-il le sien ?

Sur ces entrefaites, un petit bâtiment d'allure légère, peint à neuf et toutes voiles dehors, sortit de Cannes et vint mouiller sous le fort. Aussitôt j'envoyai à bord mon patron marin demander au capitaine le motif qui le déterminait à mouiller si près des remparts et pourquoi il ne continuait pas sa route. Le capitaine répondit que personne ne pouvait l'empêcher de se mettre à l'abri sous la forteresse, et qu'il lui était impossible de continuer sa route, le vent étant contraire. Je dus me payer de ces raisons. Le soir venu, j'ordonnai au patron-marin de veiller avec ses hommes toute la nuit et de mouiller entre le bâtiment et le fort. Je priai en même temps le capitaine commandant le détachement de recommander d'une manière toute spéciale au factionnaire placé sur la terrasse de ne pas perdre de vue un seul instant le navire mouillé sous le fort et les fenêtres du pavillon occupé par le prisonnier. Les gardiens furent avertis d'avoir à faire des rondes plus fréquentes, et cette nuit-là je ne me couchai pas.

Pendant trois jours ce petit bâtiment resta à l'ancre, et pendant trois jours et trois nuits je dus veiller de près et surveiller les moindres agissements du prisonnier.

Le navire suspect leva enfin l'ancre le 28 mars et,

dès le lendemain, j'adressai à ce sujet un rapport à M. le Ministre de l'Intérieur. Dans ce rapport, je disais « que toute évasion du côté de l'intérieur de la cita- « delle me paraissait impossible, mais que nous n'étions « point défendus du côté de la mer. *Je ne crois point,* « *quant à présent, le prisonnier animé du désir de s'éva-* « *der, mais s'il devait tenter une évasion, c'est par là qu'il* « *la tenterait.* J'ajoutais que des embarcations de « plaisance, montées par des dames, venaient journel- « lement sous les remparts causer avec le prisonnier « et M. Villette, *et je priais M. le Ministre de l'Inté-* « *rieur de vouloir bien s'entendre avec son collègue de la* « *Marine, afin que l'approche du fort, jusqu'à une dis-* « *tance déterminée, fût défendue à toute barque de plai-* « *sance ou de pêcheurs.* »

Encore cette fois, M. le Ministre de l'Intérieur crut devoir garder le silence le plus absolu, et ne prescrire aucune mesure afin de nous défendre du côté de la mer qui continua à rester entièrement ouverte.

VIII

Au nombre des faveurs qui avaient été sollicitées et obtenues par le prisonnier, il faut mentionner celle de recevoir des journaux, des livres et des brochures.

Or, un dimanche du mois de mai, la journée était belle et la brise de mer tempérait la chaleur qui déjà commençait à se faire vivement sentir. Nous nous promenions sur la terrasse, après la messe, l'aumônier, le prisonnier et moi. L'ex-maréchal tenait à la main une brochure. C'était l'histoire populaire de Louis-Napoléon Bonaparte publiée par MM. Cassagnac père et fils, je crois. Ce fascicule traitait précisément de l'évasion du prince, du fort de Ham. Tout à coup le prisonnier s'arrêta et me dit : « *Que feriez-vous si, comme le prince,* « *je tentais de m'évader? — Si je m'en aperçois, ré-* « *pondis-je froidement, je vous brûlerai la cervelle.* »

Ce fait fut raconté au procès de Grasse par le père Denis, aumônier de la maison de détention, qui en affirma la vérité sous la foi du serment.

En ce moment l'idée d'une évasion commençait-elle à prendre racine dans l'esprit de l'ex-maréchal?

Je ne le crois pas, et j'en ai pour preuve les faits suivants :

Vers la fin de mai 1874, en dépouillant mon courrier, j'ai trouvé, dans une enveloppe officielle, au timbre de l'administration pénitentiaire, ministère de l'intérieur, une lettre cachetée et adressée au prisonnier. Sur l'enveloppe, on avait écrit ces mots : « *La remettre sans la décacheter.* »

Dans la journée l'ex-maréchal me donna connaissance de cette lettre qui, d'après lui, commençait par ces mots : *Monsieur le Maréchal*, et était signée : *Le Ministre de la Guerre*, DE CISSEY. Elle contenait à peu près ce qui suit :

Dès mon arrivée au ministère je me suis occupé de vous, mais en ce moment il n'y a rien à faire. Il a été convenu qu'aussitôt les lois constitutionnelles votées, on commuerait votre peine en celle du bannissement et, peut-être pourra-t-on vous faire une pension.

En présence d'une pareille assurance toute idée d'évasion ne pouvait assurément germer encore dans l'esprit du prisonnier qui croyait, à cette époque, que les lois constitutionnelles seraient votées sans opposition sérieuse.

A quelques jours de là, je reçus également une seconde lettre à l'adresse du prisonnier qui, comme la première, portait la mention suivante : « *La remettre sans la décacheter.* » Cette lettre était signée, Welche, sous-secrétaire d'Etat à l'intérieur.

Je l'ai connu à Nancy, me dit le prisonnier dans la journée. Il me donne l'assurance qu'on s'occupera de moi bientôt.

A la fin du mois de mai 1874 arrivèrent à Sainte-Marguerite M. Bazaine, ingénieur, frère de l'ex-maréchal et sa femme. Ils étaient munis d'une autorisation de pénétrer dans la maison de détention pendant dix ou quinze jours de suite.

Vers le 10 juin suivant, Mme Bazaine, femme de l'ingénieur, tomba tout à coup malade au Grand-Hôtel, à Cannes. La femme de l'ex-maréchal alla immédiatement la soigner. Mais la maladie devenant de plus en plus grave et la malade témoignant le désir, avant de mourir, d'embrasser une dernière fois son beau-frère, celui-ci me demanda l'autorisation de se rendre à Cannes auprès de la mourante.

Je dois franchement déclarer que je fus épouvanté par cette demande, car elle pouvait avoir des suites terribles au point de vue de ma responsabilité. J'ajouterai que je croyais qu'elle n'avait aucune chance d'être favorablement accueillie.

Je me bornai donc à répondre qu'il ne m'appartenait pas de lui donner une pareille autorisation, mais que s'il m'en faisait la demande par écrit, je la transmettrais d'urgence télégraphiquement à M. le Ministre de l'Intérieur. L'ex-maréchal m'écrivit aussitôt et immédiatement un télégramme en informa M. le Ministre de l'Intérieur qui répondit affirmativement en m'enjoignant de faire accompagner le prisonnier par un gardien habillé en bourgeois.

A la date du 16 juin, j'adressai à M. le Ministre de l'Intérieur, la dépêche télégraphique suivante :

Mme Bazaine, belle-sœur du prisonnier, est décédée la nuit dernière. L'ex-maréchal ne profitera pas de l'autorisation accordée.

Mme Bazaine, femme du prisonnier, rentrera ce soir ou demain. Si je ne reçois pas d'ordres contraires, je la recevrai.

On avouera que ce décès est venu bien mal à propos, car si Mme Bazaine avait pu vivre encore 24 heures, le prisonnier se serait rendu à Cannes et, peut-être, se serait-il évadé de cette ville et m'aurait ainsi épargné des souffrances et des tortures morales qu'il me réservait dans un avenir très prochain.

Supposons, en effet, que l'ex-maréchal, profitant de l'autorisation qui lui avait été accordée, se fût rendu à Cannes, au Grand-Hôtel, accompagné d'un gardien. Il est évident que l'agent n'aurait point pénétré dans la chambre de la malade ; on l'aurait installé dans une des chambres de l'hôtel, peut-être la plus éloignée de celle qu'occupait la belle-sœur du prisonnier, et on lui aurait fait servir à déjeuner. Or, tandis qu'il était là, gardé à vue par l'un des domestiques, chargé de ne pas le laisser circuler — ce qui lui aurait été difficile vu les grandes dimensions du bâtiment — l'ex-maréchal après avoir embrassé la mourante, quittait l'hôtel par la porte qui donne sur la rue d'Antibes, se rendait à la gare, prenait le premier train, et avant que le gardien eût terminé son repas et fumé un cigare dans le jardin, Bazaine était en Italie.

Combien pour moi les circonstances auraient été moins fâcheuses. On n'aurait point fait peser sur le directeur des soupçons injurieux pour son caractère et son honorabilité, et seul le gouvernement aurait été responsable de l'évasion. Mais ce que je viens de faire connaître n'est pas la seule preuve des grandes faveurs accordées à l'ex-maréchal. J'aurai bientôt occasion de démontrer, jusqu'à l'évidence, que si l'évasion a pu s'effectuer, le directeur a été impuissant à l'empêcher.

IX

Nous étions parvenus au 27 ou au 28 juin 1874.
Dans la soirée, le prisonnier me pria d'aller chez lui,
ayant, disait-il, à m'entretenir d'une affaire sérieuse.
Je me rendis à son appel, et je fus introduit au salon.
Voici de quoi il s'agit, me dit l'ex-maréchal :

Mme la maréchale est décidée à se rendre à Paris dans
deux jours et à solliciter un entretien avec le Président
de la République. Elle veut demander à Mac-Mahon de
commuer ma peine en celle du bannissement. J'ai toujours entretenu avec le maréchal d'excellentes relations ;
nous avons fait notre carrière ensemble, nous avons
obtenu le même grade, je pense qu'il n'aura rien oublié,
et qu'il se rendra aux sollicitations de la petite maréchale. J'ai tenu à avoir votre avis.

—Je crois, ai-je répondu, que Mme Bazaine veut tenter
aujourd'hui une démarche qui me paraît prématurée. Le
maréchal, en ce moment, ne peut commuer votre peine.
La lettre du général Cissey me paraît, à ce sujet, assez
explicite.

Mme Bazaine fut d'un avis tout contraire, et le 30 juin 1874 elle quitta Sainte-Marguerite, emmenant avec elle son plus jeune fils, Alphonse, et sa femme de chambre, une Mexicaine.

X

Nous voilà parvenus au point aigu de la question, c'est-à-dire au moment où le prisonnier vaincu par les obsessions de sa femme et du colonel Villette, s'est décidé à tenter une évasion. Par fois encore le prisonnier me répète qu'il mourra sur son rocher, et que jamais il ne s'évadera ; mais dès ce moment, j'en ai maintenant la conviction, le plan était décidé, arrêté.

Un jour du mois de juillet, que Bazaine me répétait pour la centième fois qu'il ne s'évaderait jamais, qu'il était victime d'un jugement inique, attendu qu'on lui avait donné pour juges des officiers qui avaient été sous ses ordres à Metz, je crus devoir lui répondre : « Vous êtes déjà en butte à des attaques très vives « concernant l'expédition du Mexique ; la capitulation « de Metz a soulevé contre vous un tolle général, si « vous tentiez une évasion, vous justifieriez les accu- « sations dont vous êtes l'objet et sur la terre étran- « gère votre nom serait couvert d'opprobre et d'in- « famie. »

C'est à cette époque que doit se placer l'entrée en

scène d'un personnage qui devait puissamment seconder le colonel Villette dans son entreprise d'évasion du prisonnier. Je veux parler du capitaine Doineau. Porteur d'une autorisation signée par le ministre de visiter trois fois le prisonnier, M. Doineau fut introduit sans difficulté dans la détention. Cette autorisation m'avait exaspéré, car bien que je fusse encore fort jeune à l'époque où le capitaine Doineau fut condamné, je me rappelais très bien cette affaire; aussi étais-je décidé à écrire au ministre que si on donnait de pareilles autorisations, il n'était point juste de faire peser sur le directeur la moindre responsabilité en cas d'évasion.

Le soir venu j'allai, comme d'habitude, me promener sur la terrasse et je dis à l'ex-maréchal : « Vous « avez eu aujourd'hui une visite qui a dû vous faire « plaisir. » — « En effet, me répondit-il, Doineau m'a « remplacé dans les bureaux arabes et je le connais « depuis longtemps. » — « Mais, repris-je, n'a-t-il pas « eu une affaire en Afrique qui a fait quelque bruit? « Je crois même qu'il fut condamné à mort et que sa « peine fut commuée. » — « Que dites-vous? ajouta « le prisonnier, vous vous trompez; ce n'est point lui, « c'est son frère qui fut condamné. »

Après un pareil aveu, je m'applaudis de ne pas avoir écrit au ministre et d'avoir voulu d'abord me renseigner, attendu que j'ignorais complètement qu'il y eût deux frères Doineau.

Pourquoi l'ex-maréchal m'a-t-il induit en erreur? C'est que de ce jour l'évasion était décidée et que le capitaine Doineau s'était engagé à la faciliter et à la seconder.

Ainsi voilà donc un ex-maréchal de France, sur lequel, depuis l'expédition du Mexique, pesaient des charges si aggravantes, résolu, pour reconquérir une liberté qui lui tenaillera le cœur, si ce cœur est encore susceptible de nobles sentiments, à user des moyens dont se servent les forçats de nos bagnes, les condamnés de nos maisons centrales. Et cet ex-maréchal, au mépris de la parole donnée, à Versailles et à Sainte-Marguerite, dans un moment d'affolement, oubliera tout un passé, qui ne fut pas toujours sans gloire, se servira d'un tout jeune homme pour endormir la surveillance, et franchira ce mur, qu'à défaut de toute autre considération, l'honneur de ses enfants lui commandait de respecter.

XI

Vers le 8 ou le 10 du mois de juillet, je fus obligé
de me rendre à Cannes, auprès de M. Raynaud, médecin attaché à la maison de détention. Avant de
quitter l'île, l'ex-maréchal, avec lequel je causais de
cette promenade, me dit : « J'ai un service à vous demander. Ma petite Eugénie continue à être très
éprouvée par la diarrhée et *Tata* (le fils aîné) ne vaut
guère mieux. Je vous prie d'en parler au médecin. »

De retour à Sainte-Marguerite, le jour même à
10 heures du soir, je me rendis aussitôt auprès du
prisonnier que je trouvai prenant du thé. La chaleur,
chez lui, était suffoquante. Il me fut impossible de
rester plus de dix minutes dans la salle à manger.
« Vous voyez, me dit l'ex-maréchal, à quel supplice
« vous me condamnez en posant à neuf heures du
« soir le factionnaire sur la terrasse. Je vous prie,
« dans l'intérêt de notre santé à tous, de retarder d'une
« heure, à l'avenir, la pose de la sentinelle. Nous
« aurions ainsi la possibilité d'avoir un peu de fraî-
« cheur la nuit. » Je lui répondis qu'à dater du len-

demain le factionnaire ne serait plus posé qu'à dix heures du soir, mais que j'en rendrais compte et que si on faisait des difficultés, on serait forcé de revenir à l'heure habituelle, neuf heures.

Bien que le lendemain de mon voyage à Cannes ne fût pas un jour de visite, M. le docteur Raynaud se rendit à Sainte-Marguerite et après avoir constaté l'état de santé de la petite fille surtout, il fut d'avis qu'il y avait lieu de faire partir immédiatement les enfants pour un climat plus tempéré. Il ne cacha pas au prisonnier, qui éprouvait un véritable chagrin à l'idée de se séparer de son fils, qu'il y avait danger sérieux à les conserver plus longtemps au fort où ces enfants n'avaient, pour jouer, qu'une terrasse chauffée à blanc toute la journée.

Le départ des enfants et de l'institutrice fut donc décidé. Il eut lieu le 16 du mois de juillet. Le 17, il n'y avait plus au fort que le prisonnier, le colonel et le domestique, Barreau.

Le soir du départ des enfants, je me rendis au corps de garde des gardiens et, en présence du gardien-chef, je priscrivis aux agents d'exercer une surveillance plus active et surtout plus constante. « Le prisonnier, « leur ai-je dit, n'a plus ni sa femme, ni ses enfants, « surtout ; il pourrait se laisser aller à la tristesse et « se décider à en finir avec sa situation. En un mot, « nous devons craindre une évasion et il convient de « veiller d'autant plus activement que le factionnaire, « sur la terrasse, n'est plus posé qu'à dix heures du « soir. »

M'adressant ensuite au gardien-chef directement, je lui rappelai la responsabilité qui lui incombait et je ne lui laissai pas ignorer à quelles graves conséquences on serait exposé si une évasion venait à se produire; je lui dis, en outre, de ne pas oublier *qu'en mon absence, il devait rester sur la terrasse* et que, jusqu'à la pose du factionnaire, le gardien de service *devait être continuellement en ronde.*

Au procès de Grasse, interrogés sur la question de savoir si ces instructions avaient été réellement données, tous les agents confirmèrent le fait.

XII

. Quelques jours après le départ de Mme Bazaine de Sainte-Marguerite, je reçus d'elle une lettre à l'adresse de son mari. Cette lettre l'informait qu'elle avait été reçue en audience particulière par M. le maréchal Mac-Mahon, que tout s'était bien passé et qu'elle avait obtenu la promesse formelle qu'une commutation de peine en celle de bannissement ne tarderait pas à être notifiée au directeur. Elle ajoutait que probablement elle ne retournerait plus à Sainte-Marguerite.

Cette lettre ne pouvait que me surprendre; sans être un grand politique, j'en savais cependant assez pour ne pas ignorer les ennuis du chef de l'Etat et les difficultés sérieuses qu'il rencontrait dans le vote des lois constitutionnelles. Comment donc concilier ce que disait Mme Bazaine avec la situation du Président de la République, en présence du parti républicain qui paraissait peu disposé à voter les pouvoirs que l'on demandait pour le maréchal. Quel était mon devoir en pareille circonstance? Selon moi, je devais faire copier cette lettre et la transmettre à M. le Ministre de l'Intérieur, en le priant de vouloir bien me faire connaître si son contenu était l'expression de la vérité. La lettre fut copiée, expédiée, mais on ne me fit aucune réponse.

Quarante-huit heures après, nouvelle lettre du frère du prisonnier, qui confirmait celle de sa belle-sœur. Cette lettre fut encore copiée et expédiée à M. le Ministre de l'Intérieur. Je rappelais qu'une première lettre de Mme Bazaine avait été déjà adressée au ministère et j'insistais afin de connaître la vérité sur les faits avancés par la femme du prisonnier et son beau-frère. Au ministère on retint ma lettre, mais on n'y fit aucune réponse.

Quelques jours se passèrent encore et je reçus une une seconde lettre de Mme Bazaine qui contenait une consultation écrite de M. le docteur Sée. Ce savant praticien conseillait à la femme du prisonnier les eaux de *Spa* et l'engageait à y mener ses enfants. En conséquence elle informait son mari qu'elle quittait de suite Paris, mais que pour ne pas exciter la curiosité publique, elle se rendait à *Spa* sous le nom de Mme de la Pena. Elle lui donnait l'adresse de l'hôtel où elle comptait descendre et le priait de lui écrire sous son nom de jeune fille.

Cette lettre me frappa encore. Je la fis également copier et, comme les deux autres, je l'envoyai au Ministre. J'ajoutais, cette fois, qu'il me semblait prudent de faire surveiller Mme Bazaine et qu'il conviendrait de tenir le directeur de Sainte-Marguerite au courant des moindres agissements de cette dame. Encore cette fois, au ministère, on garda le plus profond silence.

De ce moment les échanges de lettres entre Spa et Sainte-Marguerite continuèrent sans interruption. Tous les deux jours je recevais, pour le prisonnier, une lettre de sa femme et l'ex-maréchal y répondait régulièrement en adressant ses lettres à Mme de la Pena, à Spa.

Nous étions ainsi parvenus au 2 ou 3 août 1874. A ce moment arriva à Nice, venant de Gênes, une dépêche télégraphique adressée à M. le capitaine Doineau. Ce télégramme était ainsi conçu : « *La maison est louée aux conditions voulues. Signé* : REVILLA. »

Avant d'être remise au destinataire cette dépêche aurait été, d'après ce qui m'a été affirmé, soumise à M. le marquis de Bargemon de Villeneuve, alors préfet des Alpes-Maritimes, qui aurait donné l'ordre de la faire parvenir à son adresse.

Pourquoi ne m'a-t-on pas communiqué ce télégramme? Il me semble que si quelqu'un avait intérêt à connaître cette dépêche, c'était bien le directeur de Sainte-Marguerite. Rien ne m'a été communiqué, et comme d'habitude je continuais à recevoir de Spa des lettres de Mme Bazaine, alors que déjà elle était non seulement à Gênes, mais qu'elle venait de louer le bateau à vapeur — le *Ricasoli* — qui devait servir à assurer l'évasion du prisonnier.

Quoi qu'il en soit, cinq jours avant l'évasion, M. le capitaine Doineau put se présenter au fort — c'était sa troisième visite — et communiquer au prisonnier la dépêche qui lui avait été adressée de Gênes. Assurément c'est pendant cette visite que les dernières dispositions, concernant l'évasion de l'ex-maréchal, furent arrêtées entre MM. Bazaine, Villette et Doineau.

Le domestique du prisonnier joua lui aussi son rôle, mais je n'en ai eu connaissance que plus tard, ainsi que je l'expliquerai ci-après. Au moment du procès je croyais sincèrement qu'il n'avait point participé à l'évasion de son maître. Je me trompais.

Le jeudi qui précéda l'évasion se présenta au fort M. le préfet des Alpes-Maritimes. Il était accompagné d'une jeune et charmante femme, Mme la comtesse de la Torre, de Turin. M. le marquis de Bargemon me pria de permettre à Mme de la Torre de visiter la détention. Je répondis que je ne pouvais, sans un ordre du Ministre, introduire personne dans la prison. Mais qu'en sa qualité de préfet, il pouvait me donner cet ordre, sauf, de ma part, à en informer M. le Ministre de l'Intérieur.

Je vous autorise, ajouta M. le Préfet, à faire visiter la détention à Madame, et comme je serai à Paris dans deux jours, j'en informerai moi-même M. le Sous-Secrétaire d'Etat.

Je donnai alors le bras à Mme de la Torre et nous pénétrâmes dans la prison par la porte située près de mon logement. Parvenus sur la terrasse, le prisonnier, croyant sans doute que c'était une visite, se hâta de descendre. Après quelques compliments de la part de l'ex-maréchal et quelques mots de Mme de la Torre, elle salua, et toujours à mon bras, elle quitta la détention par la porte principale. Cette promenade n'avait pas duré plus de 6 à 8 minutes. On a voulu prêter à cette visite une intention ; je n'en crois rien, à moins, toutefois, d'accuser de connivence M. le Préfet des Alpes-Maritimes.

XIII

Le 8 du mois d'août, c'était un samedi, M. le colonel Villette m'informa qu'il quitterait Sainte-Marguerite le lundi suivant, à 6 heures du matin. Selon les instructions, j'en informai immédiatement M. le Ministre de l'Intérieur.

A ce moment l'évasion était décidée, et Bazaine qui avait su s'élever de soldat à maréchal, qui avait eu l'honneur insigne de commander nos armées, était résolu, pour reconquérir une liberté qui devait lui peser si lourdement, d'*échanger le bâton de maréchal contre la corde d'un vulgaire détenu* (1).

J'avouerai franchement que, je pensais d'autant moins à une évasion à ce moment, que je croyais Mme Bazaine à Spa, et que, tousles deux jours, des lettres de cette localité apportaient au prisonnier des nouvelles de sa femme et de ses enfants. Ah! si la dépêche *Revilla* m'avait été communiquée, ou si j'avais été informé que Mme Bazaine s'était rendue à Gênes, des mesures sévères, assurément, auraient été prises

---

(1) Paroles de M. Tapie, procureur de la République à Grasse.

et toute évasion serait devenue impossible. Mais de Nice on avait oublié de me donner connaissance du télégramme adressé à M. le capitaine Doineau et de Paris on n'avait fait aucune réponse à mes communications ; de sorte que j'étais dans l'obscurité la plus profonde.

Quoi qu'il en soit, ai-je négligé, ce soir-là, de faire mon devoir ? On va le constater et juger.

Comme d'habitude, après mon repas, c'est-à-dire à 7 heures de relevée, je me suis rendu sur la terrasse où j'ai trouvé le prisonnier et M. Villette. Nous nous sommes longtemps promenés et, vers 9 heures 10 minutes, nous avons été nous asseoir sur le petit banc en pierre placé près du pont qui relie la détention à la terrasse. A 10 heures moins 20 minutes, selon moi, à 9 heures et demie, selon d'autres, le colonel a engagé l'ex-maréchal à rentrer : « Je vais partir demain, dit-il, et il me faut être prêt pour 6 heures du matin. Il faut donc qu'à 5 heures je sois hors du lit. »

Après nous être réciproquement souhaité une bonne nuit, le prisonnier et le colonel passèrent devant moi. Je les suivis jusque sur le pont et je ne quittai ce poste qu'après les avoir vus pénétrer dans la salle à manger où ils avaient l'habitude de prendre du thé et où ils ne pouvaient faire un mouvement sans être entendus par les gardiens placés immédiatement au-dessous.

En traversant le corps de garde des gardiens, pour me rendre chez moi, je fis observer que le prisonnier était rentré avant la pose du factionnaire et j'engageai le gardien-chef à monter sur la terrasse et le gardien de service à se mettre en ronde permanente. Au procès de Grasse, le gardien-chef Gigoux, ainsi que le gardien Plantin, de service ce soir-là, ont reconnu que ces instructions avaient été données.

Le lendemain à neuf heures du matin, étonné du silence qui régnait dans la détention et voulant m'assurer que le prisonnier n'était point malade, j'allais frapper à la porte du salon, lorsque le gardien-chef survenant me dit : « M. le directeur, le prisonnier re- « pose. Il s'est levé ce matin pour dire adieu au co- « lonel Villette, et ce dernier, en partant, nous a priés « de faire le moins de bruit possible. »

Sur cette affirmation, je me retirai pensant évidemment que le gardien-chef, qui était présent au moment du départ de M. le colonel Villette, avait vu le prisonnier. J'étais bien tranquille dans mon bureau, lorsque le gardien-chef entra sans frapper et me dit : « Le tour « est joué, M. le directeur. » Quel tour, répondis-je ; que voulez-vous dire ? « Le prisonnier s'est évadé. » Comment évadé, mais vous ne l'avez donc pas vu ce matin ? — Non, répondit-il. — Vous êtes un misérable, vous m'avez trompé (1) !

Je me rendis immédiatement dans la détention et je constatai que la couverture du lit était faite, mais que personne n'y avait couché. La chemise de nuit était encore là, dépliée.

____

(1) Bazaine était arrivé à Sainte-Marguerite le 26 décembre 1873. — Evadé le 9 août 1874. — Il avait donc passé 221 jours en prison. — Les dépenses d'installation et de garde se sont élevées à la somme de 26,000 francs.

J'allai aussitôt trouver le capitaine commandant le détachement et je le priai de vouloir bien m'accompagner dans l'enquête que je me proposais de faire. Ayant remarqué au-dessous de la fenêtre nord du salon une raie blanche, semblable aux traces que ferait une chaussure appuyant et glissant le long de la muraille, nous pensâmes, de prime abord, que l'évasion avait eu lieu par là et c'est ce qui explique la teneur de la dépêche adressée à M. le Ministre de l'Intérieur pour l'informer de l'évasion de l'ex-maréchal.

« 10 août 1874 (1).

« *Directeur de Sainte-Marguerite à Intérieur, Paris.*

« Le prisonnier s'est évadé la nuit dernière. Le coup
« a été certainement fait par M. le colonel Villette qui a
« quitté Sainte-Marguerite ce matin. Le prisonnier est
« passé sous les yeux du factionnaire, après avoir ouvert
« sa fenêtre. L'ex-maréchal, selon probalités, s'est dirigé
« vers l'Italie et a été aidé par une femme et un mon-
« sieur, que je soupçonne être Mme Bazaine et M. Rull. »

Poursuivant notre enquête, le capitaine et moi, nous ne tardâmes pas à trouver sur un terre-plein, situé derrière le parapet nord du fort, la jumelle du prison-

---

(1) On m'a fait l'observation suivante : « Remarquez, monsieur, que vous avez prévenu le ministre de l'évasion de votre prisonnier, à l'heure où ce dernier débarquait sur le port de Gênes. Il y a là une malheureuse coïncidence et les malveillants pourraient suspecter votre honnêteté. » — A cette insinuation j'ai demandé à mon interlocuteur, bienveillant du reste, à quelle heure donc pouvais-je prévenir le ministre? — Le prisonnier s'est évadé vers les dix heures du soir, or, à ce moment j'étais rentré chez moi, après avoir accompagné l'ex-ma-

nier et nous vîmes, en même temps, aux pieds du rempart, une longue corde abandonnée sur la berge. *Ainsi se trouvaient réalisées les prévisions consignées dans mon rapport du 29 mars 1874.*

Après cette enquête, je me rendis à Nice, afin de donner verbalement à M. le Préfet tous les renseignements dont il pouvait avoir besoin. A Cannes, avant de prendre le chemin de fer, j'allai trouver le commissaire de police, je l'informai de l'évasion et je l'engageai à se rendre au Grand-Hôtel, où devait se trouver M. Villette, et à le mettre en état d'arrestation, en ayant soin, toutefois, d'en informer le parquet de Grasse.

A Nice, je ne trouvai que M. le Secrétaire général. Ce fut ce fonctionnaire qui, le premier, me parla d'une dépêche venue de Gênes quelques jours avant, mais de laquelle il avait vaguement entendu parler.

De retour à Cannes, je vis le commissaire de police qui m'informa que n'ayant rien trouvé sur M. Villette, il avait cru devoir le laisser partir. Je répondis qu'à mon avis il avait eu tort. Le soir, à sept heures, j'étais de retour à Sainte-Marguerite.

---

réchal et le colonel Villette dans la détention et avoir fait fermer les portes en ma présence. Le lendemain à neuf heures du matin, je veux voir le prisonnier et au moment où j'allais frapper à la porte du salon et entrer, le gardien-chef m'en empêche avec ses affirmations. Ce c'est que vingt minutes après que j'ai eu connaissance de l'évasion. Constater le fait moi-même, procéder à une première enquête avec le capitaine fut l'affaire d'une demi-heure environ, et le ministre fut informé aussitôt. Je n'ai donc pas perdu de temps et il m'était impossible de prévenir plus tôt.

XIV

Le 10 août, à onze heures du soir, je fus réveillé par le gardien-chef qui vint me prévenir que des gendarmes demandaient à pénétrer dans le fort. Je donnai immédiatement l'ordre de les y introduire et des matelas furent mis à la disposition de ces agents de l'autorité. Dès ce moment toute liberté était perdue pour nous, mais ce n'était pas encore la mise en état d'arrestation.

Le lendemain, 11, arrivèrent à Sainte-Marguerite, M. Raynaud, avocat général à la Cour d'Aix, chargé de diriger l'instruction ; MM. Tapie et Verani, le premier procureur de la République et le second juge d'instruction près le tribunal de Grasse. Ces messieurs étaient accompagnés d'un chef de bataillon et d'un lieutenant de gendarmerie. Arrivèrent également à l'île, M. le Préfet des Alpes-Maritimes, rentré le jour même de Paris, le général Lewal, chef d'état-major à Marseil et des magistrats.

L'instruction commença aussitôt. Pendant plus de quatre heures, M. Verani ne cessa de me poser des questions. A chacune d'elles les réponses ne se faisaient pas attendre, attendu que je n'avais qu'à dire la vérité pour démontrer mon innocence d'une part, et, de l'autre, pour prouver jusqu'à l'évidence, que non seulement toutes les mesures de sûreté avaient été prises, mais qu'il m'avait été impossible d'empêcher cette évasion.

Ce fut le 11, à quatre heures du soir, qu'avec les gardiens sous mes ordres, je fus mis en état d'arrestation et enfermé dans l'ancienne prison du *Masque de fer*.

Deux jours je fus enfermé au Masque de fer, et malgré l'espoir que m'avait donné M. le Préfet du département d'être, après avoir engagé ma parole d'honneur, maintenu en liberté dans le fort, je fus enchaîné comme un voleur, d'ordre de M. le commandant de gendarmerie, m'a-t-on affirmé, et conduit à Cannes, escorté par douze gendarmes et un lieutenant.

A sept heures du soir, nous fûmes conduits à la gare. Les gardiens prirent place dans un compartiment de 3ᵉ, et on me fit monter avec le lieutenant et deux sous-officiers dans un wagon de 2ᵉ classe. Avant le départ du train pour Grasse le lieutenant donna, à haute voix et d'une manière fort ostensible, l'ordre suivant : « *Gendarmes, serrez les fers.* » Quelques gardiens furent attachés par les pieds et je tendis mes mains au brigadier assis en face de moi; mais ce brave militaire, indigné de l'ordre qui venait d'être donné envers des hommes inoffensifs, me répondit : « Non, monsieur le directeur, je n'en ferai rien. »

Une heure après nous étions rendus à Grasse. Je fis à pied la route de la gare à la ville où nous arrivâmes vers les neuf heures. L'écrou fait, on me conduisit dans une vaste chambre que je dus céder, deux jours après, à M. le colonel Villette, et on m'enferma dans une cellule ordinaire, ayant d'un côté une femme de mauvaise vie, et de l'autre un récidiviste.

Je laisse à la conscience publique le soin d'apprécier à sa juste valeur la conduite de celui ou de ceux qui ont donné l'ordre de me traiter avec une pareille sévérité. Je comprends mon emprisonnement, il était peut-être nécessaire; mais ce que je n'ai jamais compris et ce que nul honnête homme ne comprendra jamais, ce sont les cruautés dont j'ai été victime. Ces traitements barbares étaient d'autant plus inutiles que de l'aveu même des magistrats, aucune charge sérieuse ne pesait ni sur les gardiens, ni sur moi, et que nous ne pouvions tarder à être tous rendus à la liberté.

Après avoir été pendant dix-sept jours interrogé à plusieurs reprises, confronté avec le gardien-chef et le colonel Villette, on fut obligé de reconnaître notre innocence et de nous rendre tous à la liberté, le 30 août, à six heures du soir.

On connaît le dénouement du procès qui nous fut fait à ce sujet pour négligence dans le service. Les débats, auxquels assistaient quinze ou vingt journalistes de la province et de la capitale, commencèrent le 14 septembre 1874. La sentence fut prononcée dans la journée du 17, après un brillant réquisitoire de M. le procureur Tapie. — En voici le résultat :

Marchi, Barreau, Leterne et Lefrançois, acquittés.

Alvarez Rull, six mois par contumace.

Villette et Plantin, chacun six mois.

Doineau, deux mois.

Gigoux, gardien-chef, un mois.

Les autres gardiens avaient été mis hors cause.

XV

Dès que le jugement fut prononcé, j'envoyai à M. le Directeur de l'administration pénitentiaire un télégramme pour lui en faire connaître le résultat et l'informer que je me rendais à Sainte-Marguerite. A la date du 20 septembre, je reçus la lettre suivante :

Paris, le 18 septembre 1874.

Monsieur le Directeur, j'ai appris avec une bien grande satisfaction, en ce qui vous concerne, le résultat des poursuites. Je n'ai pas le temps de vous écrire longuement : je me borne à vous dire aujourd'hui (ce que je ne devais point faire plus tôt) que, dès le premier jour, j'avais nettement répondu de vous à M. le Ministre de l'Intérieur, et même à M. le Maréchal président de la République. Restez à Sainte-Marguerite en attendant que je vous écrive. Bien à vous.

J. JAILLANT.

Cette lettre témoigne non seulement dans quelle haute estime j'étais placé dans l'esprit de mes chefs, mais elle prouve aussi qu'ils ne me croyaient point capable d'une lâcheté.

Quelques jours après le procès de Grasse, le jeune Barreau, le domestique de l'ex-maréchal, vint me trouver et il m'informa qu'aussitôt après que l'arrêt fut prononcé, M. Bazaine, ingénieur, avait donné à Mme Gigoux, femme du gardien-chef, une somme d'argent.

Aussitôt que j'ai eu connaissance de ce fait, j'adressai à M. le Directeur de l'administration la lettre suivante :

Ste-Marguerite, 12 septembre 1874.

Monsieur le Directeur,

A l'instant le domestique de l'ex-maréchal vient de m'informer que M. Bazaine, frère, aurait donné, immédiatement après le procès de Grasse, une somme d'argent assez importante à Mme Gigoux. J'ai aussitôt envoyé chercher le gardien-chef qui m'a fait répondre qu'il ne viendrait dans mon cabinet qu'à la condition d'être accompagné de deux témoins.

Voulant avoir le dernier mot de cette affaire, j'ai mandé dans mon cabinet deux agents, Leterne et Lefrançois, et en leur présence, j'ai demandé au gardien-chef, s'il était vrai que Mme Gigoux eût reçu de M. Bazaine une somme d'argent assez importante. M. Gigoux a répondu qu'il ignorait ce fait, mais qu'il allait se renseigner auprès de sa femme.

Un moment après M. Gigoux revint dans mon cabinet et me dit : Le fait n'est pas vrai ; nous manquons d'argent et nous nous trouvons dans une triste position.

À son tour, le domestique affirme que M. Bazaine lui aurait dit : j'ai donné une somme d'argent assez importante à la femme du gardien-chef, si elle vous en demande encore, ne lui en donnez pas.

J'ai tenu à vous faire connaître cet incident, je ne sais s'il est vrai.

Veuillez, etc.,

Le Directeur,
MARCHI.

Voici comment le jeune Barreau m'a raconté le fait ci-dessus : « Après le procès, Mme Gigoux s'est pré-
« sentée à M. Bazaine et lui a dit que par suite de la
« condamnation prononcée contre son mari, ce dernier
« allait perdre sa place, qu'ils se trouvaient sans le
« sou et à la misère. »

Par commisération, M. Bazaine donna *cent francs* à Mme Gigoux, mais ordonna en même temps au domestique auquel on avait confié une certaine somme d'argent pour payer les frais de déménagement, de ne plus en donner.

Le fait est-il vrai ? En admettant même que Barreau eût dit la vérité, cela n'impliquerait assurément pas une complicité. C'est uniquement Mme Gigoux qui a voulu profiter de la circonstance et l'exploiter à son profit.

Du reste, voici un autre fait bien autrement grave, et qui prouve combien ce pauvre Gigoux, abruti par les mauvais traitements de sa femme, s'était, par ennui et dégoût de sa situation, relâché dans le service.

Après l'évasion de l'ex-maréchal et pendant que MM. les magistrats procédaient à une enquête minutieuse sur les lieux mêmes où le fait s'était produit, on trouva, dans le pavillon réservé au prisonnier, un fusil et un revolver. Comment ces armes se trouvaientelles là ? Je l'ignore complètement. Peut-être avaient-elles été apportées par des visiteurs que je n'avais pas mission de faire fouiller. Quoi qu'il en soit, après le procès, voulant pour ma satisfaction mettre à profit la mésintelligence qui régnait entre le domestique de l'ex-maréchal et le gardien-chef, j'interrogeai le jeune Barreau qui n'hésita pas à me faire connaître que le fusil était à M. Gigoux, qui le lui avait vendu 50 francs, et que le revolver provenait d'un abonnement au journal le *Sifflet*, qui le donnait en prime. Cet abonnement avait été fait en cachette, et au nom de M. Gigoux, qui remettait le journal quand je n'étais pas là.

Dès que j'ai eu connaissance de ces faits, j'écrivis à M. le Directeur de l'administration, la lettre suivante :

Sainte-Marguerite, 27 septembre 1874.

Monsieur le Directeur,

Dans une de mes précédentes lettres, j'ai eu l'honneur de vous informer que Mme Gigoux avait reçu de M. Bazaine, ingénieur, une somme de *cent francs*.

On m'a fait connaître, avant-hier, que le sieur Gigoux s'était, lui aussi, rendu coupable d'un fait très grave. Il aurait vendu son propre fusil au domestique du prisonnier et lui aurait, en outre, procuré un revolver.

Voulant connaître la vérité sur cette affaire, j'ai interrogé le sieur Auguste Barreau, domestique de l'ex-maréchal. Ce jeune homme a non seulement affirmé l'exactitude du fait qui m'avait été rapporté, mais il n'a pas hésité à me donner une déclaration écrite et signée, que vous trouverez sous ce pli.

Ainsi, grâce au sieur Gigoux, le prisonnier pouvait

disposer d'un fusil et d'un revolver, alors que nos gardiens n'étaient armés que d'un sabre.

Je n'ai pas voulu vous laisser ignorer cette grave infraction ; le devoir m'ordonnait de vous la faire connaître.

Veuillez, etc.,

Le Directeur,
MARCHI.

Enfin, et à titre de défense personnelle, je crois devoir transcrire ci-après une deuxième lettre de M. Jaillant, qui me paraît compléter la série des preuves qui constatent que ni le directeur de l'administration, ni le directeur de Sainte-Marguerite n'ont pu empêcher l'évasion de l'ex-maréchal :

Paris, 31 décembre 1875.

Monsieur le directeur,

Je suis très sensible à votre bon souvenir. Je connais votre sincérité et j'apprécie vos témoignages de dévouement.

Vous avez été bien malheureux. Je vous ai plaint de toute mon âme. J'ai eu à vous défendre au conseil des ministres, devant le Président de la République ensuite. Vous m'avez donné bien du *tintouin*, mais je ne vous le reproche pas. Je faisais simplement mon devoir en répondant de votre honnêteté et de votre zèle. Malheureusement le nom du prisonnier sonnait trop haut — nous devions avoir tort — et c'est ce qui est arrivé ! Qu'y faire ?..... Tâchez d'oublier..... mais c'est dur ! J'ai passé bien des nuits sans dormir, à la seule pensée qu'un directeur de mon administration, honnête, dévoué et innocent, était emmené par les gendarmes avec les menottes. De ce jour, j'ai regretté de n'avoir pas choisi une autre carrière, c'était trop pénible! J'y songe, même aujourd'hui, avec la plus vive amertume.

Vous êtes jeune encore, vous oublierez les déboires de l'emploi. Adieu, bon courage, je songe souvent à vous.

Mille bons souvenirs.

J. JAILLANT.

Du haut de la tribune française, M. le Ministre de l'Intérieur, général de Chabaud-Latour, a proclamé mon zèle, mon dévouement et mon honnêteté. L'administration pénitentiaire m'a rendu ma position, en m'appelant à la direction des condamnés aux travaux forcés de Saint-Martin de Ré, le 15 octobre 1875.

XVI

Il convient, je crois, de ne pas clore ce petit travail sans répondre aux narrations fantaisistes des journaux concernant l'évasion de l'ex-maréchal et la manière dont elle a eu lieu.

On a dit que Mme Bazaine, accompagnée de M. Alvárez Rull, son cousin, après leur arrivée en rade du golfe Juan, étaient descendus à terre et s'étaient dirigés sur la pointe de la Croizette — belle promenade de la ville de Cannes — avaient loué une barque appartenant à un sieur Rocca Marius, et, après s'être débarrassés de leurs manteaux, s'étaient emparés chacun d'un aviron et se seraient rapidement dirigés sur l'île Sainte-Marguerite. De ce récit il ressort que ce serait cette barque qui serait venue sous le fort recueillir le prisonnier et l'aurait conduit ensuite au bateau le *Ricasoli*.

Certes, cette description ferait le plus grand honneur à Mme Bazaine, car elle la montre luttant courageusement contre les vagues et tenant — avec une force dont on ne l'aurait point crue capable — pendant plus de trois heures, un aviron, absolument comme aurait fait un vieux marin.

Je regrette d'avoir aujourd'hui à détruire cette légende; mais comme je n'ai entrepris ce travail que pour dire la vérité, j'aurai le courage d'aller jusqu'au bout, au risque même d'encourir la disgrâce d'une dame. Elle comprendra, j'espère, que je défends ici mon honneur, que je place au-dessus de toute considération.

Etablissons d'abord les distances à parcourir, de la pointe de la Croizette à l'île et de l'île au bateau, et nous examinerons ensuite si Mme Bazaine et même M. Rull étaient en état d'exécuter ce tour de force.

D'après M. Bertron Guillaume, garde maritime à Cannes, qui a déposé comme témoin au procès de Grasse, la distance entre l'endroit où était amarrée la barque de Rocca et l'île Sainte-Marguerite, est d'une demi-heure et de l'île au *Baron Ricasoli*, de deux heures et demie, en tout trois heures.

Or, je le demande à toute personne douée d'un peu de bon sens, est-il possible qu'une jeune dame, dont la santé est ébranlée, habituée à ne rien faire de ses mains, sinon à les soigner et à les entretenir belles et blanches, ait pu, pendant trois heures, manier un aviron ? Encore si de temps en temps elle avait pu prendre un moment de repos, respirer un peu, mais ici tel n'était pas le cas. Il fallait, au contraire, dépenser toute la force possible, afin d'arriver promptement au bateau et lever l'ancre. Il est vrai qu'on pourrait supposer que l'ex-maréchal s'est saisi lui-même d'un aviron et qu'il a puissamment secondé son jeune parent, tandis que sa femme se réposait. Encore ici nous nous heurtons à une déception. Dans sa descente du fort sur la berge, le prisonnier s'est complètement écorché les mains, et si comme moi on avait pu constater la quantité de sang qui se trouvait tout le long de la corde, on aurait bien vite reconnu qu'un homme qui a les mains en cet état, était incapable d'apporter le moindre concours à ses complices et de supporter la moindre fatigue.

J'ajouterai pour détruire la légende un dernier renseignement qui m'a été fourni par Rocca lui-même qui, à la suite d'une condamnation aux travaux forcés, est venu s'échouer sur la côte inhospitalière de l'île de Ré, au dépôt des forçats, dirigé par moi du mois de novembre 1875 au 31 mars 1878.

Mandé dans mon cabinet, cet individu m'a confirmé, en effet, que Mme Bazaine et M. Rull avaient loué sa barque. « Mais, dit-il, je ne crois point qu'ils se soient « dirigés sur l'île ; parvenus à une petite distance de « la terre et profitant de la nuit qui les dérobait à « notre vue, ils ont rebroussé chemin et ont été at-« terrir entre la pointe de la Croizette et le golfe « Juan. De là ils ont été rejoindre l'embarcation du « *Baron Ricasoli* qui les a conduits à bord.

« Ce qui prouve que ma supposition est vraie, con-« tinua Rocca, c'est qu'il ne leur aurait pas été pos-« sible de faire, avec ma barque qui est plate, ce long « trajet, d'autant plus qu'une tempête avait eu lieu « dans la journée et que la mer était encore hou-

« leuse. Du reste, le lieu même où mon embarcation
« a été trouvée le lendemain prouve surabondamment
« qu'elle n'a jamais été jusqu'au bateau à vapeur,
« mouillé en face du golfe Juan; et le long de la
« côte. »

Sans toutefois pouvoir affirmer le fait, voilà, selon
moi, de quelle manière a eu lieu l'évasion de l'ex-
maréchal.

La corde qui a servi à assurer et à faciliter l'évasion
a été fabriquée par M. le colonel Villette. Ce fait, je le
certifie, car quelque temps avant l'événement, un
factionnaire ayant remarqué de la lumière pendant la
nuit dans la chambre de M. Villette voulut la lui faire
éteindre. Le lendemain réclamation de la part du colonel qui, brûlant sa propre bougie, et non celle de
l'Etat, pouvait tout à son aise, ainsi qu'il le prétendait
non sans raison, passer une partie de la nuit à lire ou
à travailler. Or, le travail auquel il se livrait en ce
moment, c'était la confection de la corde.

Du côté de la mer, la hauteur totale des remparts
du fort Sainte-Marguerite est de 23 mètres. Or, il se
trouve souvent des personnes qui hésitent à croire que
l'ex-maréchal, âgé de 63 ans et déjà alourdi par un
certain embonpoint, ait eu la force de faire cette descente. A ceux qui pensent ainsi, je répondrai que l'é-
lévation de la base au sommet du rempart, du côté
nord, est partagée presque en deux par un rond-point
sur lequel on a, depuis longtemps, planté un olivier
qui, à l'époque de l'évasion était en plein rapport. Ce
n'est donc pas sur 23 mètres qu'il s'agissait de des-

cendre tout d'un trait, mais seulement 10 d'abord, puis on prenait pied, on se reposait une minute et on redescendait ensuite les 13 autres mètres pour arriver sur la berge. Et comme ce rempart est bâti sur des rochers présentant, depuis le rond-point jusqu'au bas, des aspérités tellement prononcées, qu'il n'est point difficile, non seulement de descendre, alors surtout qu'on a l'aide d'une corde parfaitement et artistement confectionnée, et d'une seconde petite corde de sautage armée d'un crochet en prévision d'un moment de faiblesse, mais aussi de monter. J'ai vu des enfants, dans le but de cueillir des olives, escalader le rond-point. Or, le prisonnier en tentant une évasion, n'ignorait point à quelles terribles conséquences il s'exposait en cas de non-réussite. Dans ces conditions, quand on joue son va-tout, il faut réussir, et, je le répète, ce n'était pas chose bien difficile.

La descente opérée, comment le prisonnier s'est-il rendu à bord du bateau à vapeur, puisque ce n'est pas la barque montée par Mme Bazaine qui a servi à faire le trajet?

Le trajet entre Sainte-Marguerite et le *Ricasoli* ne peut avoir été fait qu'au moyen d'une embarcation du bateau à vapeur dont les marins avaient été gagnés à prix d'argent (1). Il fallait, en effet, que cette embarcation fût montée par des hommes habitués à manier l'aviron, car l'évasion ayant eu lieu vers les dix heures

---

(1) La dépêche à M. Doineau ne dit-elle pas : la maison est louée *aux conditions voulues.*

4.

du soir, le *Ricasoli* levait l'ancre avant minuit. J'ajouterai, si l'on tient compte de la distance à parcourir et
de l'heure du départ du bateau, que non seulement les
marins étaient gagnés, mais que tout était prêt à bord,
et dès l'arrivée du prisonnier on leva l'ancre et sans
perte de temps on se dirigea sur Gênes.

L'embarcation qui a servi à l'évasion a pu, sans
crainte d'être remarquée, se détacher du bateau pendant la nuit, se diriger sur la partie de l'île opposée
au fort, longer la côte et venir sous le rempart attendre
le prisonnier. Outre qu'il est très difficile la nuit de
voir une barque en pleine mer, j'ajouterai que les
parapets des remparts étant plus élevés que le sol du
fort, on ne peut voir les objets en mer qu'à une certaine distance. Ceux qui auraient pu découvrir cette
embarcation, ce sont les employés du sémaphore, or,
non seulement ces messieurs n'ont rien vu, mais au
procès de Grasse, ils ont affirmé, sous la foi du serment,
qu'à cause du brouillard de ce soir-là, ils n'avaient pas
même signalé l'arrivée du *Ricasoli* en rade du golfe
Juan. C'est donc par une barque étrangère et non par
celle que montait Mme Bazaine et M. Rull, que s'est
effectué le trajet de Sainte-Marguerite au bateau à
vapeur italien.

Mais ce qui m'intéressait le plus pendant le procès,
ce n'était pas de savoir de quelle barque avait profité le
prisonnier pour aller de l'île au bateau le *Ricasoli*,
cela ne faisait point de doute dans mon esprit; mais
je ne pouvais m'expliquer comment, la porte du rez-
de-chaussée de la détention étant fermée, le prisonnier

avait pu descendre par la porte de son salon et le petit pont, sur la terrasse, sans avoir été aperçu ni par le gardien-chef ni par le gardien de service. Évidemment il y avait là un mystère que je ne pouvais expliquer qu'en me persuadant que ni l'un ni l'autre de ces deux agents n'avaient fait leur devoir, car je le répète, et j'y insiste, je ne crois point qu'ils aient été gagnés.

Quelques jours après le procès de Grasse, j'ai eu l'explication de ce mystère. Rien de plus simple, la voici :

Dans la soirée du 9 août, après mon départ de la détention, le gardien-chef au lieu de monter sur la terrasse et d'obliger le sieur Plantin, gardien de service ce soir-là, à se mettre en ronde permanente jusqu'à la pose du factionnaire, autorisa ce dernier à ouvrir la porte du rez-de-chaussée et permit au domestique de l'ex-maréchal de leur offrir un thé dans le corps de garde des gardiens. C'est pendant ce temps que le prisonnier descendit, par l'escalier de service, au rez-de-chaussée, sortit par la porte du bas laissée ouverte avec intention par Barreau, tourna l'angle du bâtiment et, sans perte de temps, aidé par M. Villette qui tenait l'armature dans laquelle la corde était passée, descendit sur la berge et monta sur la barque qui s'éloigna aussitôt.

Ce fait, qui m'a été rapporté par Barreau, le domestique de l'ex-maréchal, a fait l'objet d'un rapport que je n'ai pu adresser à M. le Directeur de l'administration pénitentiaire que longtemps après le procès, une fièvre typhoïde m'ayant tenu alité à Sainte-Marguerite pendant près de deux mois.

Ainsi on peut le constater, si les gardiens avaient fait leur devoir, même avec les faveurs accordées au prisonnier, l'évasion n'aurait pas été possible.

Post-Scriptum

Je croyais ce travail terminé lorsque j'ai été, à deux reprises différentes, à la préfecture de Montpellier, l'objet d'un reproche que je ne pensais pas mériter : « Vous avez eu tort, m'a-t-on dit, d'avoir « accepté la direction de Sainte-Marguerite, après que « cette situation avait été offerte et refusée par d'au- « tres. »

Ce reproche avait d'autant plus lieu de me surprendre, que c'était justement le contraire qui m'avait été dit. Toutefois désirant tirer au clair encore cette question, j'ai écrit à M. Jaillant, ancien directeur de l'administration pénitentiaire, et voici la réponse dont il m'a honoré :

Paris, 21 avril 1880.

Mon cher directeur,

Je rentre à Paris, après un voyage de quinze jours à Lyon et en Champagne, et je trouve votre lettre du 9 courant, à laquelle je m'empresse de répondre.

Je suis quelque peu surpris de la question que vous m'adressez.

En premier lieu, il n'est pas dans les habitudes d'une administration supérieure *de proposer* un déplacement aux fonctionnaires qu'elle emploie. Pour mon compte, je donnais des ordres et je ne demandais pas aux directeurs des maisons centrales si tel ou tel poste pouvait leur être agréable. En ce qui concerne Sainte-Marguerite, je vous ai désigné au choix du ministre après avoir bien réfléchi, — mais il n'y a pas eu la moindre hésitation de ma part. C'est vous qui me paraissiez convenir le mieux au poste dont il s'agit.

Bien à vous.

J. JAILLANT.

APPENDICE

Avant de quitter Sainte-Marguerite, les magistrats chargés de l'enquête judiciaire firent apposer des scellés sur les portes et fenêtres du pavillon qui avait été occupé par l'ex-maréchal.

Ces scellés ne furent enlevés qu'après le procès de Grasse, ainsi que le témoigne le procès-verbal ci-après :

L an mil huit cent soixante-quatorze et le treize du mois d'octobre, sur la demande de l'autorité administrative et conformément aux instructions contenues dans une dépêche télégraphique de M. le Procureur de la République de Grasse, en date du treize même mois, adressée à M. le Préfet des Alpes-Maritimes, actuellement à Sainte-Marguerite,

Nous, directeur de la maison de détention de l'île Sainte-Marguerite, accompagné de M. Gabelle, portier-consigne du fort, préposé à la garde des scellés apposés sur les portes et les fenêtres de l'appartement occupé par l'ex-maréchal Bazaine, nous nous sommes rendu dans ladite prison et en notre présence le sieur Gabelle a procédé à la levée des scellés qui ont été trouvés intacts.

De tout quoi nous avons dressé le présent procès-verbal que le sieur Gabelle a signé avec nous.

Sainte-Marguerite, le 13 octobre 1874.

Signé : GABELLE.   *Le directeur* : MARCHI.

Je crois être agréable à mes lecteurs en leur faisant connaître quelques uns des ouvrages trouvés dans l'appartement du prisonnier :

1° **Commentaires de Napoléon 1er**.

2° **Enquête parlementaire. — Rapports**.

3° **Histoire populaire illustrée de Napoléon III**, par Cassagnac père et fils.

4° **Documents relatifs à la révolution française**, par Saint-Albin.

5° **La guerre franco-allemande**, redigée par le grand état-major prussien.

6° **Les parfums de Rome**, par L. Veuillot.

7° **Journal des officiers de l'armée du Rhin**, par Ch. Fay.

8° **Un ministre de la guerre de 24 jours**, par le comte de Palikao.

9° **Campagne de 1870**. Belfort, Reims et Sedan, par Bibesco.

10° **Opérations des armées allemandes**, par Blum.

11° **Les libres penseurs**, par L. Veuillot.

12° **Le lendemain de la victoire**, par L. Veuillot.

13° **Rapports sur les opérations de l'armée du Rhin**, par le général Frossard.

14° **Guerre des frontières**, par le général Ducrot.

15° **La légitimité en Espagne**.

16° **Les forteresses françaises**, par Prévost.

17° **L'armée du Rhin**, du maréchal Bazaine.

18° **Un procès militaire**, par L. Chirlonchon.

19° **Capitulation de Metz**, par le général Coffinière.

20° **La vraie légitimité**.

21° **La majorité du quatrième Napoléon**, par L. Dupont.

22° **Le quatrième Napoléon**, par L. Dupont.

23° **Armée de Metz**, par le général Deligny.

24° **Histoires et fantaisies**, par L. Veuillot.

25° **Le procès Bazaine** (compte rendu).

26° **La défense de Metz et la lutte à outrance**, par Rossel.

27° **Testament politique de l'amiral Byne.**

28° **La guerre autour de Metz,** par un officier d'état-maj[

29° **Tableaux statistiques des pertes des armées allemand[**
    par LECLERC.

30° **Plaidoirie complète de Mc Lachaud** (affaire Bazaine).

31° **Géographie militaire et historique,** par LAVALLÉE.

32° **Commentaires sur le code de justice militaire,** p[
    V. FOUCHER.

33° **Histoire de l'ancienne légion étrangère.**

34° **L'homme de Sedan,** par J. AMIGUES.

FIN.

Paris. Imp. de l'*Etoile*, BOUDET, directeur, rue Cassette, 1.